Libro de cuentos fonéticos 3

Palabras con la letra Ii

MODERN CURRICULUM PRESS

Pearson Learning Group

Contenido

Ignacio y el invierno

por Lisa Piña

Ilustrado por Eldon Doty

Palabras de vocabulario

Sonido inicial

1. iba
2. idea
3. igual
4. imposible
5. inclinó
6. inició
7. insecto
8. invierno
9. invitado
10. ir
11. iris
12. irme
13. irse

Combinación de letras

14. chifló
15. chiquito
16. fin
17. hirió
18. libró
19. mil
20. mirarás
21. pico
22. silbaré
23. sin
24. vigila

Era invierno. Ignacio tenía frío. Tenía que irse, pero no sabía adónde ir.

Ignacio se inclinó y
vio algo chiquito. ¿Era
un insecto?

No era un insecto. Era el invierno, sólo el invierno.

—Tengo frío hasta en el pico —dijo Ignacio—. Tengo que irme.

Ignacio hizo la maleta
en un instante.
—¡Adiós, frío! ¡Adiós,
invierno! —gritaba
mientras se iba.

Ignacio inició su viaje
con la primera nieve.
Ignacio viajó y viajó.
El viento chifló y chifló.

Un viento intenso le impidió seguir. Ignacio se cayó.

¡Pobre Ignacio! Se hirió
el ala. Ahora era
imposible irse del invierno.

Ignacio siguió y vio a
Irene la oveja.

—Disculpe, ¿dónde queda
el fin del invierno?

—preguntó Ignacio.

—No tengo ni idea —dijo Irene—. Pero mi amigo Ismael, sí. Con él puedes irte lejos del invierno.

—Ismael viaja todos los
días —dijo Irene—. Vigila
y lo mirarás. Si no lo
miras, se irá sin ti.

Y eso fue lo que hizo
Ignacio. Vigiló y vigiló
hasta que a Ismael vio.

—Sí, puede ir aquí, junto
a mí. Usted es mi
invitado —dijo Ismael.

—Gracias mil —dijo Ignacio—. Le silbaré una linda canción porque silbo sin igual.
Y le silbó una linda canción sin igual.

Ignacio se libró del invierno. Ahora silba todo el tiempo y el arco iris brilla todos los días.

Fin

De picnic en la isla

por Isidro Iriarte

Ilustrado por Dan Grant

Palabras de vocabulario

Sonido inicial

1. idea
2. imaginación
3. imaginar
4. imitó
5. importante
6. imposible
7. ingenioso
8. inmenso
9. insectos
10. invito
11. ir
12. iremos
13. isla

Combinación de letras

14. bizcochos
15. difícil
16. divertido
17. libros
18. limpiemos
19. lindo
20. listo
21. picnic
22. rico
23. sí
24. vida

Ivania, Iván y tía Isabel
iban de picnic a la isla.
—Ahí está tío Tito —dijo
tía Isabel—. Iremos a
tomar el sol.

No había ni una nube
en el cielo.

—Me taparé del sol, ya
que es importante —dijo
tío Tito.

—Ivania, juguemos a imaginar —dijo Iván.

—¿Imaginar? —preguntó Ivania.

—Sí —dijo Iván—. Imaginemos que vamos a lugares importantes.

—Imaginemos que vamos a Italia —dijo Iván.
—¡Imposible! —dijo Ivania.
—Sí, sí. Sólo usa tu imaginación —dijo Iván.

¡Yipi! Tío Tito se divertía
con Iván y con Ivania.
Fue una buena idea ir
de picnic a la isla.

Iván, Ivania y tío Tito
invitaron a tía Isabel.
Ivania imitó a tía Isabel.
Iván imitó a tío Tito.

—¡Qué buena idea!
—dijo tío Tito—. ¡Esto sí
que es vida!

—¡Qué divertido! —dijo
Iván—. ¡Y no es difícil!
—Eres muy ingenioso
—dijo tío Tito.

—¡Todo listo! —dijo tía
Isabel—. Los invito a
comer.

—¡Qué rico! —dijo Ivania.

Y comieron viandas y
bizcochos. Tomaron
limonada, que les quitó
el calor.

—Esto es un placer inmenso —dijo tío Tito.

—¡Lindo día! —dijo Iván.

—Pura vida —dijo Ivania.

—¡Qué linda isla! —dijo tía Isabel.

—Nuestro picnic fue divertido —dijo tío Tito—. Ahora limpiemos porque somos unos insectos limpios.

—¡Sí! —dijeron todos.

Fin